Kristin de Laporte

Balanced Scorecard als Instrument des Controlling

Diplomarbeit
an der Hochschule für Wirtschaft und Politik Hamburg
Fachbereich BWL
Lehrstuhl für D. Budäus (Public Management)
Mai 2001 Abgabe

Diplom.de

Diplomica GmbH
Hermannstal 119k
22119 Hamburg

Fon: 040 / 655 99 20
Fax: 040 / 655 99 222

agentur@diplom.de
www.diplom.de

D1663407

ID 4314
de Laporte, Kristin: Balanced Scorecard als Instrument des Controlling / Kristin de Laporte - Hamburg: Diplomica GmbH, 2001
Zugl.: Hamburg, Hochschule für Wirtschaft und Politik, Diplom, 2001

Dieses Werk ist urheberrechtlich geschützt. Die dadurch begründeten Rechte, insbesondere die der Übersetzung, des Nachdrucks, des Vortrags, der Entnahme von Abbildungen und Tabellen, der Funksendung, der Mikroverfilmung oder der Vervielfältigung auf anderen Wegen und der Speicherung in Datenverarbeitungsanlagen, bleiben, auch bei nur auszugsweiser Verwertung, vorbehalten. Eine Vervielfältigung dieses Werkes oder von Teilen dieses Werkes ist auch im Einzelfall nur in den Grenzen der gesetzlichen Bestimmungen des Urheberrechtsgesetzes der Bundesrepublik Deutschland in der jeweils geltenden Fassung zulässig. Sie ist grundsätzlich vergütungspflichtig. Zuwiderhandlungen unterliegen den Strafbestimmungen des Urheberrechtes.

Die Wiedergabe von Gebrauchsnamen, Handelsnamen, Warenbezeichnungen usw. in diesem Werk berechtigt auch ohne besondere Kennzeichnung nicht zu der Annahme, dass solche Namen im Sinne der Warenzeichen- und Markenschutz-Gesetzgebung als frei zu betrachten wären und daher von jedermann benutzt werden dürften.

Die Informationen in diesem Werk wurden mit Sorgfalt erarbeitet. Dennoch können Fehler nicht vollständig ausgeschlossen werden, und die Diplomarbeiten Agentur, die Autoren oder Übersetzer übernehmen keine juristische Verantwortung oder irgendeine Haftung für evtl. verbliebene fehlerhafte Angaben und deren Folgen.

Diplomica GmbH
http://www.diplom.de, Hamburg 2001
Printed in Germany

Wissensquellen gewinnbringend nutzen

Qualität, Praxisrelevanz und Aktualität zeichnen unsere Studien aus. Wir bieten Ihnen im Auftrag unserer Autorinnen und Autoren Wirtschaftsstudien und wissenschaftliche Abschlussarbeiten – Dissertationen, Diplomarbeiten, Magisterarbeiten, Staatsexamensarbeiten und Studienarbeiten zum Kauf. Sie wurden an deutschen Universitäten, Fachhochschulen, Akademien oder vergleichbaren Institutionen der Europäischen Union geschrieben. Der Notendurchschnitt liegt bei 1,5.

Wettbewerbsvorteile verschaffen – Vergleichen Sie den Preis unserer Studien mit den Honoraren externer Berater. Um dieses Wissen selbst zusammenzutragen, müssten Sie viel Zeit und Geld aufbringen.

http://www.diplom.de bietet Ihnen unser vollständiges Lieferprogramm mit mehreren tausend Studien im Internet. Neben dem Online-Katalog und der Online-Suchmaschine für Ihre Recherche steht Ihnen auch eine Online-Bestellfunktion zur Verfügung. Inhaltliche Zusammenfassungen und Inhaltsverzeichnisse zu jeder Studie sind im Internet einsehbar.

Individueller Service – Gerne senden wir Ihnen auch unseren Papierkatalog zu. Bitte fordern Sie Ihr individuelles Exemplar bei uns an. Für Fragen, Anregungen und individuelle Anfragen stehen wir Ihnen gerne zur Verfügung. Wir freuen uns auf eine gute Zusammenarbeit.

Ihr Team der Diplomarbeiten Agentur

Diplomica GmbH
Hermannstal 119 k
22119 Hamburg

Fon: 040 / 655 99 20
Fax: 040 / 655 99 222

agentur@diplom.de
www.diplom.de

Inhaltsverzeichnis

INHALTSVERZEICHNIS 1

ABKÜRZUNGSVERZEICHNIS 3

ABBILDUNGSVERZEICHNIS 4

1. PROBLEMSTELLUNG UND GANG DER UNTERSUCHUNG 5

2. KENNZEICHNUNG VON CONTROLLING 6

2.1. Definition von Controlling 6

2.2. Aufgaben des Controlling 7

2.3. Klassische Instrumente des Controlling 9

2.4. Aktuelle Anforderungen an das Controlling 11

3. DIE BALANCED SCORECARD 12

3.1. Konzept und Aufbau der Balanced Scorecard 13

3.2. Vier Perspektiven der Balanced Scorecard 14

3.3. Ursache-Wirkungs-Beziehungen der Balanced Scorecard 18

3.4. Strategieorientierung der Balanced Scorecard 19

4. BEWERTUNG DER BALANCED SCORECARD ALS INSTRUMENT DES CONTROLLING 21

4.1. Die Balanced Scorecard als Informations- und Reportingsystem 21

4.2. Vorteile der Balanced Scorecard im Vergleich mit klassischen Instrumenten des Controlling 24

4.3. Nachteile der Balanced Scorecard 27

5. WERTORIENTIERTES CONTROLLING: DIE VERBINDUNG DES SHAREHOLDER VALUE ANSATZES MIT DER BALANCED SCORECARD _____ 29

6. KRITISCHE WÜRDIGUNG _____ 30

LITERATURVERZEICHNIS _____ 33

Abkürzungsverzeichnis

a.a.O.	am angegebenen Ort
Abb.	Abbildung
Aufl.	Auflage
BSC	Balanced Scorecard
bzw.	beziehungsweise
d.h.	das heißt
etc.	et cetera
f.	folgende Seite
ff.	fort folgende Seiten
Hrsg.	Herausgeber
Nr.	Nummer
ROI	Return on Investment
S.	Seite(n)
SHV	Shareholder Value
u.a.	und andere bzw. unter anderem
vgl.	vergleiche
z.B.	zum Beispiel

Abbildungsverzeichnis

Abb. 1: Die vier Perspektiven schaffen den Rahmen für die Balanced Scorecard zur Umsetzung von Vision und Strategie in messbare Größen

Abb. 2: Der strategische Handlungsrahmen der Balanced Scorecard

1. Problemstellung und Gang der Untersuchung

Die zunehmende Globalisierung der letzten Jahre und der somit entstandene verschärfte Wettbewerb verlangt von den Unternehmen erhöhte Flexibilität und Leistungsstärke, um im Konkurrenzkampf bestehen zu können. Angesichts zunehmender Komplexität und Dynamik der Umwelt bedarf es vor allem einer hohen Innovations- und Lernfähigkeit, um den Herausforderungen erfolgreich entgegentreten zu können.[1] Unternehmensführungen sehen sich daher mit der Notwendigkeit einer kontinuierlichen Anpassung an sich wandelnde Wettbewerbsbedingungen konfrontiert. Weiter formulieren verschiedene Personengruppen (z.B. Anteilseigner, Kunden, Mitarbeiter, etc.) Ansprüche an die Unternehmen, die eine erhöhte Transparenz und verbesserte Informationsversorgung erfordern.

Um den gestiegenen Anforderungen gerecht zu werden, erweist sich der Einsatz eines geeigneten Führungs- und Steuerungsinstruments als hilfreich. Das Controlling im Unternehmen wird als Führungsergänzungs-, Führungsunterstützungs- und Koordinationsfunktion auf Führungsebene verstanden.[2] Daher ist eine grundlegende Aufgabe des Controlling u.a. die Ausgestaltung, der Einsatz und die Pflege eines dem Unternehmen angemessenen Informationsversorgungssystems zur Führungsunterstützung der Entscheidungsträger.

Als wirkungsvolle Instrumente des Controlling sind in diesem Zusammenhang vor allem Kennzahlensysteme als übergreifende Koordinationssysteme zur Steuerung und Informationsversorgung der gesamten Organisation zu nennen.[3]

In dieser Arbeit soll im folgenden erörtert werden, ob sich die von Kaplan/Norton entwickelte **Balanced Scorecard als Instrument des Controlling** zur Führungsunterstützung in einer von Diskontinuität geprägten Zeit

---

[1] Vgl. Maschmeyer, Volker, Management by Balanced Scorecard: alter Wein in neuen Schläuchen?, in: Personalführung 5/98, S. 74.
[2] Vgl. Witt, Frank-Jürgen, Ganzheitliches Controlling, 2. Aufl., München 2000, S.13.
[3] Vgl. Küpper, Hans-Ulrich, Controlling: Konzeption, Aufgaben und Instrumente. 2. Aufl., Stuttgart 1997, S. 289.

des globalen Wettbewerbs eignet, um den unternehmerischen Erfolg auch zukünftig zu sichern.

Hierfür ist es zunächst erforderlich, neben einer allgemeinen Definition von Controlling, die grundlegenden Aufgaben, Instrumente und derzeitigen Anforderungen des Controlling näher zu untersuchen (Kapitel 2). Im nachfolgenden Kapitel wird das Konzept und der Aufbau der Balanced Scorecard (BSC) dargestellt sowie auf die einzelnen Bestandteile der BSC eingegangen.

Im Hauptteil dieser Arbeit wird die BSC als Instrument des Controlling mittels verschiedener Kriterien bewertet. Zuerst wird die Balanced Scorecard als wirkungsvolles Informations- und Reportingsystem untersucht (Kapitel 4.1), im folgenden wird ein Vergleich zu traditionellen Controllinginstrumenten gezogen und die entsprechenden Vorteile der BSC herausgestellt (Kapitel 4.2.). Anschließend werden die Grenzen der Balanced Scorecard als Instrument des Controlling aufgezeigt (Kapitel 4.3).

In Kapitel 5 wird der Ansatz des wertorientierten Controlling vorgestellt, der die Balanced Scorecard in Kombination mit dem Shareholder Value-Ansatz als ein weiterentwickeltes Instrument zur Unternehmenssteuerung beurteilt. Abschließend werden die Ergebnisse dieser Arbeit noch einmal zusammengefasst (Kapitel 6).

2. Kennzeichnung von Controlling

In den nachstehenden Abschnitten wird einleitend zunächst der Begriff des Controlling definiert und anschließend werden die Aufgaben des Controlling spezifiziert. Diesen Ausführungen folgt eine Darstellung traditioneller Controllinginstrumente, insbesondere Kennzahlen und Kennzahlensysteme, um schließlich die derzeitigen Anforderungen an ein wirksames Controlling zu verifizieren.

2.1. Definition von Controlling

„Controlling ist ... ein funktionsübergreifendes Steuerungskonzept mit der Aufgabe der ergebnisorientierten Koordination von Planung, Kontrolle und

Informationsversorgung".[4] Aus dieser Definition ist erkennbar, dass Controlling als eine alle Unternehmensbereiche umfassende, unterstützende Funktion zur Führung des Unternehmens verstanden werden kann. Ferner ist festzustellen, dass die Führungsbereiche, auf die sich das Controlling maßgeblich bezieht, Planung, Steuerung, Kontrolle und Informationsversorgung sind.[5] Die Koordination dieser Merkmale soll im Ergebnis die Entscheidungsfähigkeit des Managements unterstützen.

Üblicherweise wird Controlling primär untergliedert in operatives und strategisches Controlling. Das operative Controlling orientiert sich unter Einbeziehung quantitativer Größen an der kurz- und mittelfristigen Planung und Kontrolle, wohingegen sich das strategische Controlling mit der langfristigen Planung und Kontrolle auf qualitative Faktoren stützt.[6] Demzufolge ist das operative Controlling stärker auf das interne Unternehmen ausgerichtet und tendenziell vergangenheitsorientiert, während das strategische Controlling in erster Linie umweltorientiert und daher auf die zukünftige Unternehmensentwicklung fokussiert ist.[7]

2.2. Aufgaben des Controlling

Wie die vorangegangenen Ausführungen gezeigt haben, gehören Planung, Kontrolle und Informationsversorgung zu den wesentlichen Aufgaben des Controlling. Diese drei Aufgabenbereiche hängen inhaltlich zusammen und können nicht unabhängig voneinander aufgebaut werden, denn „... Planung und Kontrolle bedürfen der Informationsversorgung".[8] Das Controlling hat somit die Aufgabe der Koordination von Kontrolle und Planung zwecks Beschaffung und Aufbereitung der für die Unternehmensführung im Hinblick auf das Unternehmensergebnis relevanten Informationen (Als Bespiel lassen sich Abweichungsanalysen nennen).[9]

---

[4] Horváth & Partner, Das Controllingkonzept: Der Weg zu einem wirkungsvollen Controllingsystem, 3. Aufl., München 1998, S.5.
[5] Vgl. Küpper, Hans-Ulrich, Controlling: ..., a.a.O., S. 7.
[6] Vgl. Reichmann, Thomas, Controlling mit Kennzahlen und Managementberichten: Grundlagen einer systemgestützten Controlling Konzeption, 5. Aufl., München 1997, S. 409.
[7] Vgl. ebenda.
[8] Horváth & Partner, Das Controllingkonzept ..., a.a.O., S.184.
[9] Vgl. Küpper, Hans-Ulrich, Controlling: ..., a.a.O., S. 23.

Der Aufbau, Einsatz und die Pflege eines Informationsversorgungssystems trägt wesentlich zur Führungsunterstützung der Entscheidungsträger bei. Controlling hat in diesem Zusammenhang allerdings nicht die Aufgabe, gegensteuernde Maßnahmen als Reaktion auf Zielabweichungen vorzunehmen – diese Aufgabe bleibt den entscheidungsbefähigten Instanzen im Unternehmen vorbehalten.[10] Somit steht als Kernaufgabe des Controlling die Informationsdienstleistung im Vordergrund.

Das operative Controlling und das strategische Controlling unterscheiden sich in einigen Punkten in ihren Aufgabengebieten. Im operativen Bereich geht es einerseits um die Auswertung zurückliegender Ereignisse, die sich z.B. mit Hilfe der Kosten- und Erlösrechnung quantifizieren lassen können sowie die laufende Überprüfung gegenwärtiger betrieblicher Prozesse. Andererseits befasst sich das operative Controlling mit der Abstimmung, Koordination und Weiterentwicklung des Informationssystems.[11]

Das strategische Controlling hingegen leistet seinen Beitrag zur zukünftigen Entwicklung des Unternehmens, indem es die Unternehmensleitung mit qualitativen Informationen versorgt. „Das strategische Controlling unterstützt die strategische Unternehmensführung bei der strategischen Planung und Kontrolle"[12]. Hierzu übernimmt es Aufgaben der Planung, Koordination, Informationsversorgung und Kontrolle.

Um den oben angeführten Aufgaben gerecht zu werden, ist die Auswahl eines geeigneten Analyse- und Prognoseinstruments zur Informationsaufbereitung und nachfolgenden Beurteilung von unternehmerischen Einflussgrößen (interne und externe) zwingend erforderlich. Dies gilt sowohl für das operative als auch für das strategische Controlling. Das nachfolgende Kapitel stellt die wesentlichen Instrumente des Controlling vor.

---

[10] Vgl. Witt, Frank-Jürgen, 1. Ganzheitliches Controlling, a.a.O., S.13.
[11] Vgl. Reichmann, Thomas, Controlling mit Kennzahlen ..., a.a.O., S. 409.
[12] Reichmann, Thomas, Controlling mit Kennzahlen ..., a.a.O., S. 410.

2.3. Klassische Instrumente des Controlling

Ein wesentliches Instrument des Controlling sind Kennzahlen oder Kennzahlensysteme.[13] Sie werden als Formen der Informationsaufbereitung verstanden. Kennzahlen als unternehmerisches Instrument sind informative Zahlen, die im Sinne einer verdichteten Ergebnispräsentation über quantitativ messbare betriebswirtschaftliche Tatbestände und Zusammenhänge Aufschluss geben.[14] Mittels Kennzahlen soll demnach das wesentliche interne und externe Unternehmensgeschehen präzise und transparent dargestellt werden. In einem Kennzahlensystem müssen die Kennzahlen so zusammengestellt werden, dass sie sachlogisch miteinander verknüpft sind und somit in einer sinnvollen Beziehung zueinander stehen.[15]

Um Kennzahlen bilden zu können, müssen Informationen aufbereitet, d.h. aufgenommen und verarbeitet, werden. Grundsätzlich geht es daher um die Quantifizierung von Einzelinformationen und deren Komprimierung, „... um komplexe Sachverhalte und Zusammenhänge mit einer Maßgröße darstellen zu können".[16] Mit Hilfe von Kennzahlen können nicht nur monetäre, sondern auch nicht-monetäre Informationen dargestellt werden. Finanzielle Kennzahlen werden als „harte", nicht-finanzielle als „weiche" Kennzahlen bezeichnet.[17] Folglich können nicht nur zahlenmäßig erfassbare Daten für das operative Controlling erhoben werden, sondern auch qualitative Informationen in Kennzahlen ausgedrückt werden, um dem strategischen Controlling als Hilfsmittel zu dienen.

Zusammenfassend kann festgestellt werden, dass die Hauptaufgaben von Kennzahlen bzw. Kennzahlensystemen folgende sind:

„-Hilfsmittel bei der Planung, Steuerung und Kontrolle auf allen Hierarchieebenen,

- Instrument zur internen (...) und externen (..) Unternehmensanalyse und

---

[13] Vgl. Reichmann, Thomas, Controlling mit Kennzahlen ..., a.a.O., S. 20.
[14] Vgl. Weber, Jürgen, Schäffer, Utz, Balanced Scorecard & Controlling: Implementierung - Nutzen für Manager und Controller - Erfahrungen in deutschen Unternehmen, Wiesbaden 1999, S. 2.
[15] Vgl. Reichmann, Thomas, Controlling mit Kennzahlen ..., a.a.O., S. 23.
[16] Horváth & Partner, Das Controllingkonzept ..., a.a.O., S.189.
[17] Vgl. Friedag, Herwig R., Schmidt, Walter, Balanced Scorecard - mehr als ein Kennzahlensystem, Freiburg i. Br. u.a. 1999, S. 47.

- Bestandteil von Informationssystemen für alle Hierarchieebenen."[18]

Das wohl Bekannteste unter den Kennzahlensystemen ist das im Jahre 1919 entwickelte **DuPont-Kennzahlensystem**.[19] Bei diesem System amerikanischen Ursprungs steht als oberstes Ziel die Rentabilität der betreffenden Unternehmung im Vordergrund. Daher wird als Leitkennzahl der ‚Return on Investment' (ROI) definiert, der sich in die Kennzahlen ‚Umsatzrentabilität' und ‚Kapitalumschlagshäufigkeit' aufgliedern lässt. Aufgrund der Möglichkeit der rechnerischen Auflösung dieser Spitzenkennzahl können weitere Einzelkennzahlen systematisch aufgegliedert werden. Dieses Charakteristikum des DuPont-Systems ermöglicht somit die schrittweise Analyse der Haupteinflussfaktoren des Unternehmenserfolgs bis in alle Teilbereichsleistungen.[20]

Als deutsches, rentabilitätsorientiertes Kennzahlensystem ist das 1969 vom Zentralverband der Elektronischen Industrie (ZVEI) entwickelte Kennzahlensystem zu nennen. Das **ZVEI-Kennzahlensystem** hat als oberstes Ziel die Ermittlung der Effizienz im Unternehmen.[21] Daher wurde anstelle des ROI die Eigenkapitalrentabilität als Spitzenkennzahl vorangestellt. Das ZVEI-System unterscheidet zwischen einer Wachstums- und einer Strukturanalyse. Während in der Wachstumsanalyse absolute Zahlen verglichen werden, soll die Strukturanalyse bei der Ermittlung der unternehmerischen Effizienz behilflich.[22] Somit sollen zum einen Zielgrößen bei der Planung mit Hilfe von Kennzahlen quantitativ ausgedrückt werden (diese Kennzahlen sind ähnlich wie beim DuPont-System weiter zerlegbar), zum anderen werden Analysemöglichkeiten anhand von Zeit- und Betriebsvergleichen genutzt.[23]

Schließlich ist als ein weiteres traditionelles Instrument des Controlling das **RL-Kennzahlensystem** aufzuführen. Im Gegensatz zu den beiden vorangegangenen Kennzahlensystemen wird hier jedoch weitgehend auf einen sach-

---

[18] Horváth & Partner, Das Controllingkonzept ..., a.a.O., S.191.
[19] Vgl. Bausch, Andreas, Kaufmann, Lutz, Innovationen im Controlling am Beispiel der Entwicklung monetärer Kennzahlensystem, in: Controlling, Heft 3, 2000, S. 122.
[20] Vgl. Horváth & Partner, Das Controllingkonzept ...,a.a.O., S.192
[21] Vgl. Reichmann, Thomas, Controlling mit Kennzahlen ..., a.a.O., S. 31.
[22] Vgl. Horváth & Partner, Das Controllingkonzept ..., a.a.O., S.194.
[23] Vgl. ebenda.

logischen Zusammenhang zwischen den Kennzahlen verzichtet.[24] Das RL-Kennzahlensystem erhebt Erfolg und Liquidität zu den zentralen Zielgrößen. Es besteht aus einem allgemeinen Teil und einem Sonderteil, wobei sich der allgemeine Teil wiederum in Rentabilitäts- und Liquiditätsteil aufgliedern lässt, während im Sonderteil unternehmensspezifische Besonderheiten Berücksichtigung finden.[25]

Es gibt noch weitere Instrumente des Controlling, u.a. auch im Bereich des strategischen Controlling (z.B. Stärken-Schwächen-Analyse, Gap-Analyse oder Portfolio-Analyse).[26] Diese Arbeit setzt sich jedoch mit der Bewertung der Balanced Scorecard als Instrument des Controlling auseinander, und da diese wiederum oftmals in Zusammenhang mit Kennzahlensystemen genannt wird, sollen lediglich die obigen Ausführungen über traditionelle Systeme Grundlage für weitere Bewertungen sein (vgl. Kapitel 4.2.)

2.4. Aktuelle Anforderungen an das Controlling

Unternehmen, die sich in wettbewerbsintensiven Märkten bewegen, müssen sich heutzutage schnell und flexibel auf die sich wandelnden Umweltbedingungen einstellen. Die Dynamik des Wettbewerbs äußert sich u.a. durch das schnellere Auftreten neuer Technologien oder die Verkürzung von Produktlebenszyklen. Weitere Aspekte, die Einfluss auf das unternehmerische Verhalten haben, sind die Berücksichtigung des Shareholder Value (Unternehmenswert für Anteilseigner) sowie der Bedürfnisse verschiedenster Anspruchsgruppen (sogenannte Stakeholder).

Erfolgreiche Unternehmen orientieren sich daher inzwischen primär an ihren Kunden und deren Wünschen, was zu einem verstärkten Denken und Handeln in Prozessen geführt hat. Das bedeutet, dass die Geschäftsprozesse innerhalb des Unternehmens zumeist auf den Kunden ausgerichtet sind. „Doch für ein umfassendes Prozessmanagement ist es nicht ausreichend, die

---

[24] Vgl. Reichmann, Thomas, Controlling mit Kennzahlen ..., a.a.O., S. 33.
[25] Vgl. ebenda.
[26] Vgl. Horváth & Partner, Das Controllingkonzept, a.a.O., S.171ff.

Organisationsstrukturen anzupassen, auch die Controllinginstrumente müssen entsprechend angepasst werden".[27]

Aktuelle Anforderungen des Controlling beziehen sich somit auf überwiegend prozessorientierte Unternehmen. Folgende Ausführungen an ein anspruchsvolles Controllinginstrument zeigen den Anforderungsbedarf:

- Es ist erforderlich, dass das Controllingsystem Frühindikatoren enthält, damit flexibel auf Veränderungen reagiert werden kann.
- Die Orientierung am Kunden sollte in allen Controllinginformationen erkennbar sein.
- Das strategische Controlling und damit verbundene Aufgaben müssen in gleicher Weise wie die Ausrichtung an operativen Maßnahmen durch das Instrument unterstützt werden.[28]

Letztgenannter Aspekt verdeutlicht, dass ein Führungsinstrument der Zukunft quantitative und qualitative Informationen als gleichberechtigte Controllinggrößen verwenden und interpretieren muss. Daher wird es für Unternehmen immer bedeutender, „ ... ihre strategischen Zielsetzungen in Form von messbaren Größen und gleichzeitig eine Ausrichtung der operativen Maßnahmen und des Verhaltens der Führungskräfte und Mitarbeiter an den strategischen Zielsetzungen zu gewährleisten".[29]

3. Die Balanced Scorecard

Die Balanced Scorecard ist ursprünglich das Ergebnis eines Forschungsprojekts in den USA, das Anfang der neunziger Jahre von Robert S. Kaplan und David P. Norton durchgeführt wurde. Ziel diese Projektes war ein Kennzahlensystem zu entwickeln, das den gestiegenen Anforderungen (vgl. Kapitel 2.4) gerecht wird.[30] Die Balanced Scorecard wird in der Literatur jedoch meist als ‚Managementsystem', und nicht als ‚Kennzahlensystem' bezeichnet. Da aber vor allem Kennzahlensysteme als Instrumente des Cont-

---

[27] Krahe, Andreas, Balanced Scorecard: Baustein zu einem prozeßorientierten Controlling?, in: controller magazin, 2/99, S. 116.
[28] Vgl. Graßhoff, Jürgen, Controlling gestern, heute, morgen, in: Controller Magazin, 1/2000, S. 18 und vgl. Krahe, Andreas, Balanced Scorecard: ..., a.a.O., S. 116.
[29] Horstmann, Walter, Der Balanced Scorecard-Ansatz als Instrument der Umsetzung von Unternehmensstrategien, in: Controlling Heft 4/5, 1999, S. 193.
[30] Vgl. Weber, Jürgen, Schäffer, Utz, Balanced Scorecard & Controlling ..., a.a.O., S. 3.

rolling der Führungsunterstützung und -steuerung dienen (vgl. Kapitel 2.3.), soll im weiteren Verlauf dieser Arbeit auf eine Diskussion über die Zugehörigkeit der BSC verzichtet und die Begriffe ‚Managementsystem' und ‚Kennzahlensystem' synonym verwendet werden (vor allem in Hinblick auf Kapitel 4.2.).

Im nachfolgenden Kapitel wird zunächst die Grundidee und der konzeptionelle Aufbau der Balanced Scorecard vorgestellt. In den Kapiteln 3.2. bis 3.4. werden die einzelnen Elemente der BSC näher erläutert.

3.1. Konzept und Aufbau der Balanced Scorecard

Die Kernidee einer Balanced Scorecard ist die Umsetzung von **Vision und Strategie** eines Unternehmens in quantitative Zielsetzungen und Kennzahlen.[31] Dem Management soll dadurch ein transparentes Bild der Unternehmenslage vermittelt werden. Das Ziel ist daher die Verbindung finanzieller Messgrößen mit den strategischen Zielen im Unternehmen.[32] Das Konzept soll als Hilfsmittel verstanden werden, das Unternehmen dabei unterstützt, ihre Strategien in konkrete messbare Ziele und Beurteilungsgrößen zu übersetzen.

Hierfür werden innerhalb der BSC sowohl finanzielle als auch nichtfinanzielle Kennzahlen als Teil des Informationssystems verwendet. Das Hauptziel der Geschäftsstrategie wird ebenso in operationalen Kennzahlen ausgedrückt wie die Maßnahmen und Aktivitäten zur Erreichung dieses Ziels. „If you can't measure it, you can't manage it".[33] Diese Aussage verdeutlicht, dass nur operational Erfassbares auch aktiv gemanagt werden kann.

Die einzelnen Kennzahlen sind über sogenannte **Ursache-Wirkungs-Ketten** miteinander verbunden.[34] Als Gerüst für die Kennzahlen dienen **vier** miteinander verknüpfte **Perspektiven**, die sich an den erfolgskritischen

---

[31] Vgl. Kaplan, Robert S., Norton, David P., Balanced Scorecard: Strategien erfolgreich umsetzen, Stuttgart, 1997, S. 2.
[32] Vgl. Brunner, Jürgen, Hessing, Michael, Shareholder Value und Balanced Scorecard: Wertorientiertes Management, in: Gablers Magazin, 9/98, S. 24.
[33] Kaplan, Robert S., Norton, David P., Balanced Scorecard ..., a.a.O., S. 20
[34] Vgl. Krahe, Andreas, Balanced Scorecard ..., a.a.O., S. 116.

Kernprozessen des Unternehmens orientieren: die finanzwirtschaftliche Perspektive, die kundenorientierte Perspektive, die interne Geschäftsprozessperspektive und die Lern- und Entwicklungsperspektive.[35] Die Kennzahlen der finanziellen Perspektive zeigen, ob die Umsetzung der gewählten Strategie letztendlich zur Ergebnisverbesserung beiträgt. Somit fungieren die finanzwirtschaftlichen Ziele dieser Perspektive als Fokus für die drei anderen Perspektiven.[36]

Der Begriff ‚Balanced' soll die Ausgewogenheit dieses Systems hervorheben. Durch die Berücksichtigung der vier unterschiedlichen Perspektiven soll eine Ausgeglichenheit innerhalb der Scorecard bewirkt werden. Es wird eine ganzheitliche Sichtweise gefördert, in der sowohl monetäre und nichtmonetäre Kennzahlen sowie kurz- und langfristige Ziele integriert sind.[37]

Zusammenfassend kann festgestellt werden, dass der Ausgangspunkt einer Balanced Scorecard immer die Vision und Strategie des jeweiligen Unternehmens ist. Abgeleitet aus diesem übergeordneten Ziel werden strategische Aussagen, Kennzahlen und Maßnahmen zu den vier Perspektiven formuliert und über Ursache-Wirkungs-Ketten miteinander in Beziehung gesetzt.

3.2. Vier Perspektiven der Balanced Scorecard

Das Konzept der Balanced Scorecard empfiehlt die Berücksichtigung von vier Perspektiven, die auf die strategierelevanten Unternehmensbereiche ausgerichtet sind. Die **finanzielle Perspektive** mitsamt ihrer Kennzahlen ist für die abschließende Beurteilung wirtschaftlicher Konsequenzen vergangener Entscheidungen und daraus abgeleiteter Maßnahmen von Bedeutung, wie in den vorangegangenen Ausführungen deutlich gemacht wurde. In diesem Sinne dient die finanzielle Dimension auch als Zielvorgabe zukünftiger Entwicklungen von Unternehmen. Der BSC-Ansatz sieht ferner drei weitere Dimensionen vor, die als sogenannte Leistungstreiber der finanziellen Perspektive betrachtet werden:[38] Die **Kundenperspektive**, die **interne Prozessperspektive** sowie **die Lern- und Entwicklungsperspektive**. In den

---

[35] Vgl. Kaplan, Robert S., Norton, David P., Balanced Scorecard ..., a.a.O., S. 23.
[36] Vgl. ebenda, S. 46.
[37] Vgl. Horstmann, Walter, Der Balanced Scorecard-Ansatz ..., a.a.O., S. 194.
[38] Vgl. Kaplan, Robert S., Norton, David P., Balanced Scorecard ..., a.a.O., S. 18.

nachfolgenden Abschnitten wird jede dieser vier Perspektiven näher betrachtet.

Finanzwirtschaftliche Perspektive: Die Ziele dieser Perspektive sind stets mit der Rentabilität des Unternehmens verbunden und stellen sich im einzelnen z.B. als Periodengewinn oder Kapitalrendite dar. Neuerdings wird verstärkt auch der Shareholder Value als oberstes Ziel miteinbezogen.[39] Die Erreichung dieser monetären Ziele wird mittels branchenunabhängiger Kennzahlen wie beispielsweise ROI, Umsatzrendite, Economic Value Added (EVA), Cash Flow oder Return on Capital Employed (ROCE) gemessen.[40] Diese Größen fungieren als Endziele für die Ziele und Kennzahlen der anderen drei Perspektiven.

Kundenperspektive: In dieser Perspektive liegen die Schwerpunkte von führungsrelevanten Informationen durch Kennzahlen bei der Identifizierung der Markt- und Kundensegmente, in denen das Unternehmen konkurrenzfähig sein soll.[41] Innerhalb dieser Perspektive werden zwei Gruppen von Kennzahlen unterschieden. Zum einen werden allgemein übliche Messgrößen wie z.B. Marktanteil, Kundenzufriedenheit, Kundenrentabilität oder Kundenbindungsquoten abgebildet.[42] Unternehmensspezifische Kennzahlen sollen zum anderen ausdrücken, welche Leistungstreiber für die erstgenannten Größen maßgeblich sind. Diese individuellen Kennzahlen sind aus der Perspektive der Kunden zu bewerten und könnten u.a. Image der Produkte und des Unternehmens, Produkt- und Serviceeigenschaften oder Qualität der Beziehungen sein.[43]

Interne Prozessperspektive: Die gestiegenen Anforderungen an die Unternehmen haben eine zunehmende Prozessorientierung bewirkt (vgl. Kapitel 2.4.). Ziel dieser Perspektive ist es, die für den Unternehmenserfolg relevanten Prozesse zu identifizieren und zu messen. In einer internen Wertschöp-

---

[39] Vgl. Ebenda, S. 24.
[40] Vgl. Maschmeyer, Volker, Management by Balanced Scorecard ..., a.a.O., S. 76 und vgl. Horstmann, Walter, Der Balanced Scorecard-Ansatz ..., a.a.O., S. 194.
[41] Vgl. Kaplan, Robert S., Norton, David P., Balanced Scorecard ..., a.a.O., S. 24.
[42] Vgl. Maschmeyer, Volker, Management by Balanced Scorecard ..., a.a.O., S. 76.

fungskette wird die Prozessperspektive in drei aufeinanderfolgende Prozesse untergliedert: Innovationsprozess, Betriebsprozess und Kundendienstprozess.[44]

Im *Innovationsprozess* sollen die Produkte und Dienstleistungen entwickelt werden, die zukünftigen Kundenwünschen entsprechen. Hierfür werden Kennzahlen wie z.B. Zykluszeit (Zeitspanne bis zur Entwicklung der nächsten Produktgeneration) gebildet.[45]

Der *Betriebsprozess* bewertet die existierenden Produkte und Dienstleistungen, die schon produziert und an die Kunden ausgeliefert wurden. Gemessen wird dieser Prozess mit traditionellen Größen wie beispielsweise Kosten, Qualität und Zeit.[46]

Schließlich werden im dritten und letzten Glied der Wertkette, dem *Kundendienstprozess*, die Serviceleistungen (Garantie, Reparatur, Wartung, etc.) für den Kunden nach Kauf eines Produktes oder einer Dienstleistung bewertet. Dies kann u.a. durch Bildung von Kennzahlen wie ‚Anteil der Kundenprobleme, die beim ersten Anruf gelöst werden konnten' erfolgen.[47]

Lern- und Entwicklungsprozess: Im Dienstleistungs- und Informationszeitalter stehen inzwischen weniger Produktionsanlagen, sondern Mitarbeiter und Informationssysteme als die entscheidenden betrieblichen Ressourcen im Vordergrund.[48] Die Einbeziehung dieses Blickwinkels berücksichtigt den Beitrag, den Mitarbeiter und Informationssysteme am Unternehmenserfolg zu leisten vermögen, indem sie die wettbewerbsentscheidenden Geschäftsprozesse optimal umsetzen. Als Kennzahlen für diese Perspektive können Mitarbeiterzufriedenheit, Fluktuationsrate, Informationsabdeckungsgrad und Anzahl bzw. Wert von Verbesserungsvorschlägen genannt werden.[49]

---

[43] Vgl. Kaplan, Robert S., Norton, David P., Balanced Scorecard ..., a.a.O., S. 25.
[44] Vgl. Kaplan, Robert S., Norton, David P., Balanced Scorecard ..., a.a.O., S. 92.
[45] Vgl. Maschmeyer, Volker, Management by Balanced Scorecard ..., a.a.O., S. 76.
[46] Vgl. Kaplan, Robert S., Norton, David P., Balanced Scorecard ..., a.a.O., S. 101.
[47] Vgl. Krahe, Andreas, Balanced Scorecard ..., a.a.O., S. 118.
[48] Vgl. Horstmann, Walter, Der Balanced Scorecard-Ansatz ..., a.a.O., S. 194.
[49] Vgl. Maschmeyer, Volker, Management by Balanced Scorecard ..., a.a.O., S. 76.

Die Verankerung von Vision und Strategie im Unternehmen durch den Aufbau von vier Perspektiven soll mit folgender Abbildung noch einmal verdeutlicht werden:

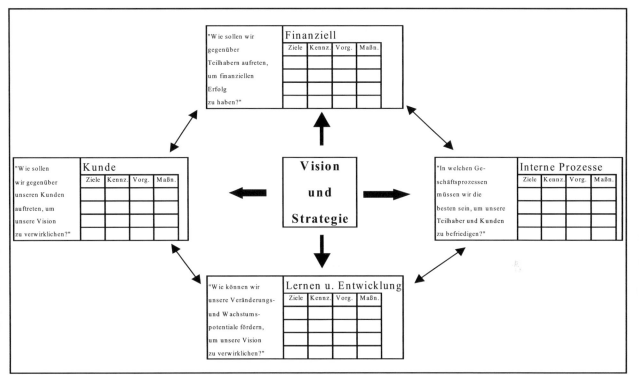

Abb. 1[50]: **Die vier Perspektiven schaffen den Rahmen für die BSC zur Umsetzung von Vision und Strategie in operative Größen.**[51]

Abschließend kann festgehalten werden, dass die Balanced Scorecard die finanziellen Zielsetzungen mit den Leistungsperspektiven hinsichtlich Kunden, internen Prozessen sowie des Lernens und der Innovation strategie- und visionsfokussiert zusammenfasst. Zudem können unternehmens-individuell auch weitere Dimensionen hinzugefügt werden, wie z.B. eine Lieferantenperspektive und/oder eine ökologische Perspektive, was eine weitere Berücksichtigung von Stakeholdern bedeutet. Es bleibt zu erwähnen, dass eine Begrenzung der Kennzahlen auf etwa 25 für die vier Perspektiven vorge-

---

[50] Anmerkung zu den Abkürzungen in der Abbildung: Kennz.= Kennzahlen; Vorg.= Vorgaben; Maßn.= Maßnahmen.
[51] Vgl. Kaplan, Robert S., Norton, David P., Balanced Scorecard, ..., a.a.O, S. 9

schlagen wird Die BSC soll jedoch nicht als Zwangsjacke, sondern als Schablone verstanden werden.[52]

Die Verknüpfung der vier BSC-Perspektiven folgt der Logik einer Ursache-Wirkungs-Beziehung, die nun detailliert dargestellt wird.

3.3. Ursache-Wirkungs-Beziehungen der Balanced Scorecard

Die vier Perspektiven der Balanced Scorecard sind durch eine Ziel-Mittel-Beziehung miteinander verbunden. Diese auch ‚Ursache-Wirkungs-Beziehung' genannte Verknüpfung soll den Aufbau einer Scorecard unterstützen, indem sie einen Kausalzusammenhang zwischen den einzelnen Kennzahlen herstellt.[53]

Hintergrund dieses Sachverhalts ist zum einen, dass jede Perspektive direkt oder indirekt von einer anderen Perspektive bestimmt wird, was die Prozessgestaltung der Unternehmen widerspiegelt. Eine weitere Begründung für den Einsatz dieses Verknüpfungsgedankens ist zum anderen, dass mittels des Zusammenhangs von Ursache und Wirkung „... dem Unternehmen die Bedeutung der Unternehmensstrategie vermittelt"[54] wird.

Der erstgenannte Aspekt wird dadurch erklärt, dass Entscheidungen innerhalb einer Perspektive Auswirkungen auf die Aktivitäten einer anderen Perspektive haben. Die Verbindung dieser Perspektiven durch Ursache und Wirkung soll ein vernetztes Denken bewirken und die Voraussetzung schaffen, „... dass die Verfolgung einzelner Ziele nicht zum Nachteil anderer Ziele erfolgt"[55]. Dies kann beispielsweise dadurch verdeutlicht werden, dass Ziele der finanzwirtschaftlichen Perspektive (z.B. Umsatzsteigerung) nur erreicht werden können, wenn bestimmte Ziele auf der Kundenebene realisiert werden (z.B. erhöhte Kundenzufriedenheit). Diese können wiederum nur durch die Erreichung der internen Prozessziele (z.B. Verbesserung der Qualität) verwirklicht werden. Und schließlich lassen sich die Mittel zur

---

[52] Vgl. ebenda, S. 33.
[53] Vgl. Krahe, Andreas, Balanced Scorecard ..., a.a.O., S. 117f.
[54] Kaplan, Robert S., Norton, David P., Balanced Scorecard ..., a.a.O., S. 144.
[55] Brunner, Jürgen, Sprich, Olaf, Performance Management und Balanced Scorecard: Zur Verbesserung wertschöpfungsorientierter Leistungs-Indikatoren, in: iomanagement, Nr. 6, 1998, S. 32.

Realisierung von Zielen der Prozess-Perspektive auf der Lern- und Entwicklungsebene finden (z.B. Weiterbildung der Mitarbeiter).[56]

Nicht nur zwischen den einzelnen Perspektiven einer BSC, sondern auch innerhalb einer Perspektive können Kennzahlen in einer Ursache-Wirkungs-Beziehung zueinander stehen. Die Ergebniskennzahlen der Perspektiven werden als **Spätindikatoren** bezeichnet, während **Frühindikatoren** die spezifischen Ursachen innerhalb einer Perspektive bestimmen.[57]
Sogenannte Leistungstreiber (Frühindikatoren) sollen klären, wie es zu einer bestimmten Ergebniskennzahl kommt. So stehen beispielsweise die Kennzahlen ‚Qualität der Kundenbeziehungen' und ‚Kundenzufriedenheit' der Kundenperspektive in einem Verhältnis von Ursache und Wirkung zueinander. Demnach sollte eine Balanced Scorecard „... aus einer Mischung von Ergebniskennzahlen und Leistungstreibern bestehen".[58]

Der Aufbau einer BSC mit vier Perspektiven, die über Ursache-Wirkungsketten gestaltet werden, hat als Ausgangspunkt immer die Vision und Strategie des Unternehmens (vgl. Kapitel 3.1). Nachfolgend soll diese Grundvoraussetzung der Balanced Scorecard näher erläutert werden.

3.4. Strategieorientierung der Balanced Scorecard

Die Balanced Scorecard als Führungsinstrument verfolgt das Ziel, die Geschäftsstrategie eines Unternehmen in messbare Größen und Zielvorgaben umzusetzen. Zudem soll die Strategie in alle Geschäftsbereiche des Unternehmens heruntergebrochen und damit „allgegenwärtig" sein. Die Übersetzung der Strategie in operationale Informationen erfolgt mit Hilfe von Perspektiven, die über Ursache-Wirkungs-Beziehungen miteinander verknüpft sind, wodurch eine mögliche Diskrepanz zwischen Formulierung und Umsetzung einer Strategie verringert werden soll.
Die BSC soll aufgrund ihrer starken Strategieorientierung die folgenden kritischen Managementprozesse erfolgreich bewältigen:

---

[56] Vgl. Krahe, Andreas, Balanced Scorecard ..., a.a.O., S. 118.
[57] Vgl. Kaplan, Robert S., Norton, David P., Balanced Scorecard ..., a.a.O., S. 144.

- Klärung und Vermittlung von Vision und Strategie,
- Verknüpfung und Kommunikation der Strategie mit den Zielen aller organisatorischer Einheiten,
- Planung, Vorgaben und strategische Kontrolle und
- Verbesserung des strategischen Lern- und Feedbackprozesses.[59]

Nachstehende Abbildung verdeutlicht noch einmal den strategischen Handlungsrahmen, in dem sich die Balanced Scorecard bewegt:

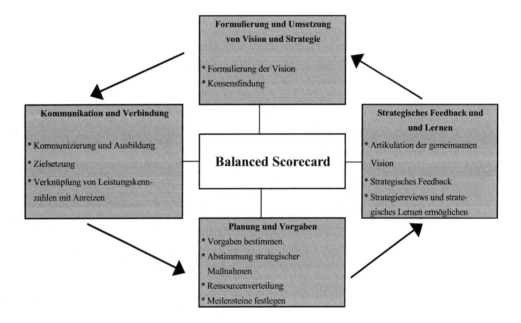

Abb. 2: **Der strategische Handlungsrahmen der Balanced Scorecard.**[60]

---

[58] Ebenda, S. 144.
[59] Vgl. Kaplan, Robert S., Norton, David P., Balanced Scorecard, ..., a.a.O, S. 10f.
[60] Vgl. ebenda, S. 10.

4. Bewertung der Balanced Scorecard als Instrument des Controlling

In diesem Kapitel wird anhand verschiedener Kriterien überprüft, ob die Balanced Scorecard ein Instrument zur Führungsunterstützung ist. Hierbei wird das Konzept der BSC grundsätzlich an den derzeitigen Anforderungen des Wettbewerbs (vgl. Kapitel 2.4.) gemessen. Die Bewertung der Balanced Scorecard als Baustein des Controlling erfolgt demnach aufgrund der Kriterien für Instrumente prozessorientierter Unternehmen..

4.1. Die Balanced Scorecard als Informations- und Reportingsystem

Wie in Kapitel 2.2. festgestellt wurde, ist eine der zentralen Aufgaben des Controlling der Aufbau, die Pflege und die Weiterentwicklung eines geeigneten Informationsversorgungssystems zur Steuerung, Planung und Kontrolle. Systeme, die eine Versorgung des Managements mit entscheidungsrelevanten und aktuellen Führungsinformationen sicherstellen, werden als Informations- und Reportingsysteme bezeichnet.[61] Sie gelten als Vorraussetzung für effiziente Führungsprozesse, indem sie Informationen zeitgerecht und in angemessener Qualität und Quantität bereitstellen. Die flexible Bereitstellung entscheidungsrelevanter Führungsinformationen ist eine zentrale Herausforderung an das Controlling im Unternehmen.

Anforderungen an ein solches System sind einerseits, die für die kritischen Geschäftsprozesse relevanten Informationen zu erkennen und andererseits, diese im Sinne einer Verdichtung von Einzelinformationen mit Hilfe von Kennzahlen aufzubereiten.

Die Dynamik des Wettbewerbs hat bewirkt, dass die Entscheidungsprobleme für Unternehmen hinsichtlich Umfang, Stabilität und Struktur gestiegen sind (vgl. Kapitel 2.4.). Aufgrund dieser Tatsache erscheint es umso notwendiger für das Management, qualitativ hochwertige Informationen zu

---

[61] Vgl. Brunner, Jürgen, Sprich, Olaf, Performance Management ..., a.a.O., S. 30.

erhalten, mit denen die vergangene, gegenwärtige und zukünftige Lage des Unternehmens beurteilt werden kann.

Vorhandene Informations- und Reportingsysteme werden häufig hinsichtlich folgender Mängel kritisiert:

- Informationen betrachten hauptsächlich die rein finanzielle Situation des Unternehmens,
- Entscheidungsträger werden vielfach mit irrelevanten Informationen überhäuft; die benötigten Informationen beziehen sich nicht auf die erfolgskritischen Prozesse,
- zukunftsorientierte Informationen werden kaum berücksichtigt; es besteht zudem eine unzureichende Verbindung zwischen operativen und strategischen Anforderungen,
- einzelne Führungsbereich erhalten sich widersprechende Informationen; die Abstimmungen über interne Aktivitäten sind mangelhaft und
- externe Einflüsse finden kaum Berücksichtigung; das Reporting konzentriert sich zu stark auf innerbetriebliche Vorgänge.[62]

Aus den vorgenannten Gründen ist eine ganzheitliche Betrachtung der Unternehmensbereiche, die zusätzliche Integration von externen Unternehmenseinflüssen sowie eine ausgewogene Berücksichtigung von operativen und strategischen Anforderungen erforderlich, um ein aussagefähiges Informations- und Reportingsystem aufzubauen bzw. zu optimieren.

Die Balanced Scorecard stellt sich als ein ausgewogenes System zur Umsetzung einer Unternehmensstrategie dar. Die Strategie soll auf der Grundlage von Perspektiven der BSC abgebildet werden, welche die erfolgskritischen Geschäftsprozesse repräsentieren, und die über Beziehungen von Ursache und Wirkung miteinander verknüpft sind (vgl. Kapitel 4).

Die Quantifizierung von qualitativen Informationen kann zu einer Konkretisierung der Strategie und den daraus abgeleiteten Zielen führen. Damit wird

---

[62] Vgl. Horstmann, Walter, Der Balanced Scorecard-Ansatz ..., a.a.O., S. 194 und vgl. Brunner, Jürgen, Sprich, Olaf, Performance Management ..., a.a.O., S. 36.

die Basis geschaffen, um Strategien operativ zu messen. Das Konzept der Balanced Scorecard bietet somit die Möglichkeit, strategische Vorstellungen mit Hilfe von Kennzahlen mess-, kontrollier- und planbar zu machen. Dieser Aspekt macht die BSC zu einem Instrument, das operative und strategische Ebenen erfolgreich miteinander verzahnt.

Externe Anspruchsgruppen finden in der Balanced Scorecard ebenfalls Berücksichtigung. Die vier Perspektiven, insbesondere die Kunden- und Prozessperspektive, sind maßgeblich auf den Kunden und seine Wünsche ausgerichtet. Aber auch die finanzielle Perspektive integriert unternehmensexterne Einflüsse, indem beispielsweise die Steigerung des Shareholder Value zum primären Ziel erklärt wird.

Durch die logische Verbindung der einzelnen Kennzahlen durch Ursache-Wirkungs-Beziehungen, sowohl innerhalb einzelner Perspektiven als auch zwischen den vier Dimensionen, läuft die Balanced Scorecard ferner nicht Gefahr der unzureichenden Abstimmung interner Aktivitäten und Ergebnisse.

Schließlich begegnet die Balanced Scorecard dem Problem der sinnvollen Komprimierung und Auswahl von Datenmaterial mit der empfohlenen Begrenzung von 25 Kennzahlen für vier Perspektiven

Die obigen Ausführungen haben gezeigt, dass die Balanced Scorecard ein ausgewogenes Informations- und Reportingsystem ist in bezug auf quantitative und qualitative Informationen, intern und extern orientierten Kennzahlen sowie Früh- und Spätindikatoren.[63] Die BSC ergänzt vorhandene Informations- und Reportingsystem um externe, qualitative und zukunftsrelevante Aspekte bzw. integriert sie in einem ganzheitlichen, balancierten Konzept.

Zusammenfassend kann festgestellt werden, dass eine hochwertige Informationsversorgung des Managements mit Hilfe der Balanced Scorecard erreicht werden kann, damit Unternehmen auch weiterhin in der Lage sind, Erfolgs- und Wettbewerbspotentiale zu nutzen und zu entwickeln.

---

[63] Vgl. Krahe, Andreas, Balanced Scorecard ..., a.a.O., S. 117.

4.2. Vorteile der Balanced Scorecard im Vergleich mit klassischen Instrumenten des Controlling

Das Controlling im Unternehmen hat u.a. die Aufgabe des Aufbaus, der Pflege und der Weiterentwicklung eines Informationsversorgungssystems, das die Entscheidungsträger bzw. das Management in die Lage versetzt, anhand der vorliegenden Informationen Rückschlüsse auf vergangene, derzeitige und zukünftige Handlungen und Entscheidungen zu ziehen (vgl. Kapitel 2.2). Instrumente des Controlling, insbesondere Kennzahlen und Kennzahlensysteme, sollen im Sinne der Informationsaufbereitung die wesentlichen internen und externen Prozesse eines Unternehmens transparent und präzise darstellen (vgl. Kapitel 2.3.).

Klassische Instrumente des Controlling in Form von Kennzahlensystemen (DuPont-, ZVEI- und RL-System) werden aus nachstehenden Gründen vielfach kritisiert:
- sie sind zu finanzorientiert,
- sie berücksichtigen keine strategischen Ausrichtungen, da sie zu vergangenheitsorientiert sind,
- sie erlauben keine Steuerung, da sie an Symptomen und nicht an Ursachen anknüpfen,
- sie orientieren sich zu wenig an Prozessen und Kunden und haben eine unzureichend Ausrichtung auf das Wissenspotential im Unternehmen und
- die Kennzahlen dieser Systeme sind nicht in ein unternehmensübergreifendes Managementsystem eingebunden.[64]

Der einseitige **Schwerpunkt auf finanzielle Größen** äußert sich beim DuPont-Kennzahlensystem in der Festlegung der Rentabilität zum obersten

---

[64] Vgl. Horstmann, Walter, Der Balanced Scorecard-Ansatz ..., a.a.O., S. 193,
vgl. Michel, Uwe, Strategien zur Wertsteigerung erfolgreich umsetzen: Wie die Balanced Scorecard ein wirkungsvolles Shareholder Value Management unterstützt, in: Das neue Steuerungssystem des Controllers: Von Balanced Scorecard bis US-GAAP, Horváth, Péter (Hrsg.), Stuttgart 1997, S. 275 und
vgl. Fratschner, Friedrich A., Balanced Scorecard: Ein Wegweiser zur strategiekonformen Ableitung von Zielvereinbarungen - über finanzwirtschaftliche Ziele hinaus, in: controller magazin, 1/99, S. 14ff.

Unternehmensziel sowie die Ernennung des ROI zur Leitkennzahl. Das ZVEI-Kennzahlensystem definiert ebenfalls mit der Eigenkapitalrentabilität als Spitzenkennzahlen eine rein finanzielle Kennzahl. Schließlich stellt das RL-Kennzahlensystem mit der Liquidität und dem Erfolg einer Unternehmung ebenfalls eine finanzielle Zielgröße in den Vordergrund.

Der begründeten Kritik einer starken Finanzorientierung monetärer Kennzahlensystem begegnet die Balanced Scorecard mit dem Aufbau der vier Perspektiven, die sowohl monetäre als auch nicht-monetäre Daten und Informationen berücksichtigen sollen. Ferner ist u.a. ein erklärtes Ziel der BSC, die Geschäftsstrategie eines Unternehmen in messbare Größen und Zielvorgaben umzusetzen. Dies bedeutet, dass mit Hilfe der Balanced Scorecard auch qualitative Aspekte in Kennzahlen übersetzt werden, so dass eine Orientierung an nicht-finanziellen Größen ebenfalls ermöglicht wird.

Die Aussagefähigkeit reiner Finanzkennzahlen ist begrenzt, da sie operativ und ausschließlich vergangenheitsorientiert sind.[65] Aus diesem Grund sind sie kaum in der Lage, eine Verbindung zu strategischen Aspekten herzustellen. Die genannten traditionellen Kennzahlensysteme können daher **strategische Ausrichtungen eines Unternehmens** nur unzureichend unterstützen, da sie sich aufgrund ihrer Finanzorientierung überwiegend auf historische Daten stützen.

Die Balanced Scorecard hingegen bestimmt als Ausgangspunkt ihres Konzepts immer die Vision und Strategie einer Unternehmung. Die Strategie soll sich als eine Art roter Faden durch den gesamten Aufbau der BSC ziehen. Im Gegensatz zu dem DuPont, ZVEI- und RL-Kennzahlensystem wird demnach eine Zukunftsorientierung des jeweiligen Unternehmens durch diesen Grundgedanken der Balanced Scorecard maßgeblich unterstützt.

Herkömmliche Instrumente des Controlling werden zudem auch in dem Punkt kritisiert, dass sie nur eingeschränkte **Aussagen über die Ursachen bestimmter Entwicklungen** im Unternehmen machen können. Die rein finanziellen Kennzahlen dieser Systeme sind vom Management schwer beeinflussbar. Während sowohl beim DuPont- als auch beim ZVEI-

Kennzahlensystem immerhin mit einer schrittweisen Analyse der Spitzenkennzahlen ein Erkennen der finanziellen Haupteinflussfaktoren ermöglicht wird, ist das RL-Kennzahlensystem aufgrund des nicht vorhandenen sachlogischen Zusammenhangs der Einzelkennzahlen nicht in der Lage, Schwachstellen bzw. Ursachen für die letztendlichen Ergebnisse von Liquidität und Erfolg zu erkennen.

Die Balanced Scorecard bewältigt mit Hilfe der Ursache-Wirkungs-Beziehungen dieses Problem erfolgreich. Durch die Bestimmung von Früh- und Spätindikatoren sowie der Ermittlung von Leistungstreibern soll geklärt werden, wie es zu einer bestimmten Ergebniskennzahl kommt. Dieses enge Verhältnis von Ursache und Wirkung soll zudem eine enge Verbindung zwischen Mittel- und Zielgrößen herstellen.

Kapitel 2.4. hat die aktuellen Anforderungen an Unternehmen und an das Controlling aufgezeigt. Prozessorientierte Unternehmen, die sich schnell und flexibel in wettbewerbsintensiven Märkten bewegen, müssen demnach gleichermaßen **interne und externe Einflussgrößen** berücksichtigen. Einem Management auf alleiniger Basis von finanziellen Spitzenkennzahlen, wie es traditionelle Controllinginstrument vorsehen, fehlt jedoch die Betrachtung der internen Geschäftsprozesse, der ausreichende Einbezug von Stakeholdern sowie die angemessene Ausrichtung auf das Lern- und Wissenspotential.[66]

Die Auswahl der Perspektiven der Balanced Scorecard orientiert sich an den erfolgskritischen Faktoren einer Unternehmung. Neben einer finanziellen Perspektive existieren die interne Prozessperspektive, die Kundenperspektive sowie die Lern- und Entwicklungsperspektive. Ferner können je nach Bedarf auch noch weitere Perspektiven, wie z.B. eine Lieferantenperspektive oder eine ökologische Perspektive in die BSC integriert werden (vgl. Kapitel 3.2). Jede dieser Perspektiven orientiert sich an internen und externen Einflussgrößen und Faktoren. Der Shareholder Value z.B. berücksichtigt einerseits die Ansprüche der (externen) Anteilseigner, andererseits wird bei der Ermittlung desselbigen auf internes Zahlenmaterial zurückgegriffen.

---

[65] Vgl. Michel, Uwe, Strategien zur Wertsteigerung erfolgreich umsetzen: ..., a.a.O., S. 275.
[66] Vgl. Brunner, Jürgen, Sprich, Olaf, Performance Management ..., a.a.O., S. 31f.

Schließlich wird bemängelt, dass klassische Kennzahlensystem das Management in der gegenwärtigen Wettbewerbssituation nicht ausreichend unterstützen können, da Fragen der Erarbeitung, Verfolgung und Rückkopplung der Kennzahlen nicht hinterfragt werden und somit die **Einbindung** dieser Größen **in ein übergeordnetes Managementsystem** nicht erfolgen kann.

Die Balanced Scorecard hingegen stellt sich aufgrund der starken Strategieorientierung, der Berücksichtigung der vier Perspektiven und deren Verbindung über Ursache-Wirkungs-Beziehungen mehr als ein integriertes Konzept, denn als reine Ansammlung von finanziellen Kennzahlen dar. Die Kennzahlen der BSC sind somit per se innerhalb eines in sich logischen Systems eingebettet.

Ausgangspunkt für die Probleme der traditionellen Controllinginstrumente ist zumeist, wie an den vorangegangenen Ausführungen erkennbar, die starke und ausschließliche Fokussierung auf Finanzkennzahlen. Zusammenfassend kann anhand der genannten Gründe festgestellt werden, dass herkömmliche Führungsinstrumente den zukünftigen Unternehmenserfolg nur unzureichend unterstützen können. Ferner können klassische Kennzahlensysteme wie das DuPont-, das ZVEI- und das RL-System den aktuellen Anforderungen des Wettbewerbs nicht gerecht werden und sind somit kaum zu einer zukunftsorientierten Steuerung eines Unternehmens geeignet.

Die Balanced Scorecard versucht den Problemen klassischer Kennzahlensystem innovativ zu begegnen, indem sie auf der einen Seite eine ausgewogene Berücksichtigung von finanziellen und nicht-finanziellen Kennzahlen vornimmt. Auf der anderen Seite trägt sie den Beziehungen und Abhängigkeiten zwischen den Erfolgskennzahlen und Leistungstreibern Rechnung. Zusätzlich werden durch den Perspektivenaufbau der BSC sowohl interne als auch externe Einflüsse gleichermaßen berücksichtigt.

4.3. Nachteile der Balanced Scorecard

In dieser Arbeit ist als Grundvoraussetzung für den erfolgreichen Einsatz einer Balanced Scorecard die Strategie ermittelt worden. Sie ist der Ausgangspunkt und die Grundlage für die vier Perspektiven, mit denen ein Unternehmen seine relevanten Kernprozesse aus allen Blickwinkeln betrachtet. Die Umsetzung der Strategie in operationale Größen, also die Übersetzung von strategischen Zielen in Kennzahlen, stellt sich daher als besonders wichtige Aufgabe bei der Implementierung einer BSC dar. Die größte Gefahr für die Implementierung einer Balanced Scorecard könnte folglich davon ausgehen, dass die Quantifizierung der Strategie einerseits nicht gelingt, oder andererseits die Kennzahl nicht die gewünschte Aussagekraft besitzt und somit nur eine Annäherung ist bzw. die Kernidee nicht trifft. In beiden Fällen wären die Ableitungen von Entscheidungen durch diese Kennzahlen fragwürdig.

Erfahrungen aus der Praxis haben ferner gezeigt, dass die Balanced Scorecard einige konzeptionelle Schwächen aufweist. So wird bemängelt, dass eine Anweisung über die Erreichbarkeit der Ziele sowie deren Kontrolle fehlt, sowie eine unzureichende Verknüpfung zwischen den Zialabweichungen und Maßnahmen. Ursache-Wirkungs-Beziehungen, die durch Kausalzusammenhänge bestimmt sind, wurden ebenfalls als Schwachpunkte des BSC-Konzepts identifiziert, da bei einer unlogischen Verknüpfung der Indikatoren dieses Element der Balanced Scorecard unbrauchbar wird.[67] Und schließlich darf angezweifelt werden, inwieweit sich die Balanced Scorecard grundsätzlich zur Messung höchst komplexer, strategierelevanter Inhalte eignet (z.B. Wettbewerbsvorteile).

Die Erfahrung an Projekten zeigen, dass bestimmte Aspekte der Balanced Scorecard ausbaufähig sind bzw. dass zusätzliche Analysesichten zu integrieren sind.[68] Um Schwachpunkten im Konzept der Balanced Scorecard erfolgreich zu begegnen, wird daher in jüngster Zeit eine Weiterentwicklung des Systems - die Ergänzung und Integration des Shareholder Value Ansatzes in die Balanced Scorecard - empfohlen, die nachfolgend vorgestellt wird.

---

[67] Vgl. Horstmann, Walter, Der Balanced Scorecard-Ansatz ..., a.a.O., S. 194.
[68] Vgl. ebenda, S. 199.

5. Wertorientiertes Controlling: Die Verbindung des Shareholder Value Ansatzes mit der Balanced Scorecard

In den vergangenen Jahren kann, zusätzlich zu den bereits in Kapitel 2.4. angesprochenen gestiegenen Anforderungen des Wettbewerbs, ein zunehmender Druck des Kapitalmarktes auf Unternehmen festgestellt werden.[69] Dies hat zur Folge, dass die Steuerung des Unternehmens nicht nur prozessorientiert, sondern auch wertorientiert ausgerichtet sein muss. Aus diesem Grund besteht daher die Notwendigkeit einer entsprechenden Anpassung der Controllinginstrumente, damit das sogenannte **wertorientierte Controlling** Aufgaben zur angemessenen Informationsversorgung der Unternehmensführung übernehmen kann.

Das wertorientierte Controlling „... orientiert sich stark an finanzwirtschaftlichen Aspekten und versucht, unternehmensexterne und -interne Controllingadressaten mit ihren jeweiligen Zielen zu integrieren".[70] Ferner ist im Zusammenhang mit einer verstärkten Orientierung am Kapitalmarkt die Berücksichtigung des Shareholder Value (SHV), also die Wertsteigerung des Unternehmens aus dem Blickwinkel der Anteilseigner, von zunehmender Bedeutung.[71]

Aus der Verbindung des Shareholder Value-Ansatzes mit der Balanced Scorecard verspricht man sich folgende Vorteile:
„- Nicht finanzielle Einflussfaktoren des Geschäfts finden Berücksichtigung.
- Der Fokus wird auf die wertbestimmenden Gestaltungsbereiche des Geschäfts gelegt.
- Die Bereiche, in denen die eigentliche Werte geschaffen werden und in denen die Driver der Wertentwicklung zu finden sind, finden unmittelbar Eingang in die finanzielle Bewertung.
....
- Operationalisierung des Shareholder Value Ansatzes auf breiter Basis.

---

[69] Vgl. Bausch, Andreas, Kaufmann, Lutz, Innovationen im Controlling ..., a.a.O., S. 123.
[70] Witt, Frank-Jürgen, 1. Ganzheitliches Controlling, a.a.O., S.54.
[71] Vgl. Horváth & Partner, Das Controllingkonzept ..., a.a.O., S.197.

- Transparenz über die Wertentwicklung auf allen Unternehmensebenen.
- Grundlage für die Partizipation der Mitarbeiter an der Wertentwicklung des Unternehmens."[72]

Diesen Ausführungen zufolge sollen demnach der finanziell orientierte SHV und die strategieorientierte BSC zu einem integriertem Konzept der Unternehmensführung zusammengefügt werden. „Die Verknüpfung des Shareholder Value-Ansatzes mit der Balanced Scorecard ... führt zu einem wertorientierten Management (Value Based-Management)".[73]

Das **Value Based-Management** hat die langfristige Wertsteigerung einer Unternehmung zum Ziel. Dieses Ziel soll durch zufriedene Kunden, motivierte Mitarbeiter, Innovationen und Wachstum erreicht werden.[74]

6. Kritische Würdigung

Ziel dieser Arbeit war die Vorstellung des Konzepts der Balanced Scorecard sowie deren Bewertung als Instrument des Controlling.

Das Controlling als Funktion, die der Unterstützung und Steuerung der Unternehmensführung dient, hat sowohl die Planung und Kontrolle von Geschäftsprozessen als auch die Informationsversorgung der unterschiedlichen Unternehmensbereiche zur Aufgabe.

Traditionelle Instrumente des Controlling, wie das DuPont-, ZVEI- oder RL-Kennzahlensystem, rücken hauptsächlich rein finanzielle Größen der Organisation in den Mittelpunkt der Betrachtung.

Im Laufe der Zeit haben sich allerdings die Anforderungen an Unternehmen und Führungsinstrumente gewandelt, so dass mittlerweile Frühindikatoren,

---

[72] Michel, Uwe, Strategien zur Wertsteigerung erfolgreich umsetzen: ..., a.a.O., S. 285f.
[73] Brunner, Jürgen, Hessing, Michael, Shareholder Value und Balanced Scorecard ..., a.a.O., S. 22.
[74] Vgl. Michel, Uwe, Strategien zur Wertsteigerung erfolgreich umsetzen: ..., a.a.O., S. 274.

Kunden- und Prozessorientierung und strategische Ausrichtung bei der Unternehmensführung Berücksichtigung finden müssen.

Da die klassischen Controllinginstrumente den Unternehmenserfolg nur unzureichend unterstützen und steuern können, wurde Anfang der neunziger Jahre die Balanced Scorecard als Instrument des Controlling entwickelt.
Die Balanced Scorecard soll die Vision und Strategie des Unternehmens umsetzen, indem diese in messbare Zielgrößen umformuliert werden. Dabei wird der Blick nicht ausschließlich auf finanzielle Aspekte gerichtet, sondern ergänzend werden auch die Perspektiven der Kunden, der internen Prozesse und die des Lernens und der Entwicklung des Unternehmens miteinbezogen. Diese vier Perspektiven sind nicht getrennt voneinander zu betrachten - stattdessen beeinflussen sie sich gegenseitig und sind in einer Ursache-Wirkungsbeziehung miteinander verbunden.

Der Einsatz der Balanced Scorecard bietet zahlreiche Vorteile. Zunächst eignet sich die BSC als Informations- und Reportingsystem, da sie in der Lage ist, für kritische Geschäftsprozesse relevante Informationen zu erkennen und aufzubereiten.
Desweiteren berücksichtigt die BSC nicht nur finanzielle Werte eines Unternehmens, sondern schließt auch nicht-monetäre Aspekte in die Betrachtung mit ein. Dadurch ist es ihr möglich, den Unternehmenserfolg an strategischen Gesichtspunkten auszurichten.
Die Balanced Scorecard erlaubt zudem aufgrund der Berücksichtigung von in einer Ursache-Wirkungs-Beziehung stehenden Perspektiven eine bewusste Steuerung des Unternehmenserfolges, und nicht lediglich eine rückwirkende Erfolgskorrektur.
Aufgrund der Komplexität der Balanced Scorecard lässt sich dieses System mehr als ein unternehmensübergreifendes Managementkonzept denn als ein reines Kennzahlensystem bezeichnen.

Neben den zahlreichen und gewichtigen Vorteilen der Balanced Scorecard zeigt diese u.a. folgende Schwachpunkte. So ist es zum einen schwer, die Strategie eines Unternehmens in quantifizierbaren Zielgrößen auszudrücken.

Zum anderen fehlen bezüglich der Erreichbarkeit der Ziele Anweisungen und Kontrollen. Weiterhin können von etwaigen Zielabweichungen kaum Rückschlüsse auf falsche Maßnahmen zur Zielerreichung gezogen werden.

Die Eignung der Balanced Scorecard als Informations- und Reportingssystem sowie deren Erfüllung der aktuellen Anforderungen an das Controlling rücken diese Nachteile jedoch weitgehend in den Hintergrund. Zusammenfassend ist die Schlussfolgerung zu ziehen, dass das Konzept der Balanced Scorecard ein Instrument des Controlling ist, dem es gelingt, die Lücke zwischen den derzeitigen anspruchsvollen Herausforderungen des Controlling und den Fähigkeiten der klassischen Controllinginstrumente zu verkleinern. Der Einsatz der Balanced Scorecard erweist sich somit heutzutage als geeignet, die Planung, Kontrolle und Informationsversorgung einer Unternehmung sicherzustellen.

Abschließend besteht eine Möglichkeit der konzeptionellen Weiterentwicklung der Balanced Scorecard. Die Ansätze der Balanced Scorecard und des Shareholder Value sind zu einem sogenannten Value Based-Management zu verknüpfen, wodurch eine strategische Ausrichtung der Unternehmensführung durch eine Orientierung an der Wertsteigerung des Unternehmens ergänzt werden kann.

Literaturverzeichnis

Bausch, Andreas, Kaufmann, Lutz, Innovationen im Controlling am Beispiel der Entwicklung monetärer Kennzahlensystem, in: Controlling, Heft 3, 2000, S. 121-128.

Brunner, Jürgen, Hessing, Michael, Shareholder Value und Balanced Scorecard: Wertorientiertes Management, in: Gablers Magazin, 9/98, S. 22-25.

Brunner, Jürgen, Sprich, Olaf, Performance Management und Balanced Scorecard: Zur Verbesserung wertschöpfungsorientierter Leistungs-Indikatoren, in: iomanagement, Nr. 6, 1998, S. 30-36.

Fratschner, Friedrich A., Balanced Scorecard: Ein Wegweiser zur strategiekonformen Ableitung von Zielvereinbarungen - über finanzwirtschaftliche Ziele hinaus, in: controller magazin, 1/99, S. 13-17.

Friedag, Herwig R., Schmidt, Walter, Balanced Scorecard - mehr als ein Kennzahlensystem, Freiburg i. Br. u.a., 1999.

Graßhoff, Jürgen, Controlling gestern, heute, morgen, in: controller magazin, 1/2000, S. 17-24.

Horstmann, Walter, Der Balanced Scorecard-Ansatz als Instrument der Umsetzung von Unternehmensstrategien, in: Controlling, Heft 4/5, 1999, S. 193-199.

Horváth & Partner, Das Controllingkonzept: Der Weg zu einem wirkungsvollen Controllingsystem, 3. Aufl., München 1998.

Kaplan, Robert S., Norton, David P., Balanced Scorecard: Strategien erfolgreich umsetzen, Stuttgart 1997.

Krahe, Andreas, Balanced Scorecard: Baustein zu einem prozeßorientierten Controlling?, in: controller magazin, 2/99, S. 116-122.

Küpper, Hans-Ulrich, Controlling: Konzeption, Aufgaben und Instrumente, 2. Aufl., Stuttgart 1997.

Maschmeyer, Volker, Management by Balanced Scorecard: alter Wein in neuen Schläuchen?, in: Personalführung, 5/98, S. 74-80.

Michel, Uwe, Strategien zur Wertsteigerung erfolgreich umsetzen: Wie die Balanced Scorecard ein wirkungsvolles Shareholder Value Management unterstützt, in: Das neue Steuerungssystem des Controllers: Von Balanced Scorecard bis US-GAAP, Horváth, Péter (Hrsg.), Stuttgart 1997, S. 273-288.

Reichmann, Thomas, Controlling mit Kennzahlen und Managementberichten: Grundlagen einer systemgestützten Controlling Konzeption, 5. Aufl., München 1997.

Weber, Jürgen, Schäffer, Utz, Balanced Scorecard & Controlling: Implementierung - Nutzen für Manager und Controller - Erfahrungen in deutschen Unternehmen, Wiesbaden 1999.

Witt, Frank-Jürgen, Ganzheitliches Controlling, 2. Aufl., München 2000.

Die Diplomarbeiten Agentur vermarktet seit 1997 erfolgreich Wirtschaftsstudien, Diplomarbeiten, Magisterarbeiten, Dissertationen und andere Studienabschlußarbeiten aller Fachbereiche und Hochschulen.

Seriosität, Professionalität und Exklusivität prägen unsere Leistungen:

- Kostenlose Aufnahme der Arbeiten in unser Lieferprogramm
- Faire Beteiligung an den Verkaufserlösen
- Autorinnen und Autoren können den Verkaufspreis selber festlegen
- Effizientes Marketing über viele Distributionskanäle
- Präsenz im Internet unter **http://www.diplom.de**
- Umfangreiches Angebot von mehreren tausend Arbeiten
- Großer Bekanntheitsgrad durch Fernsehen, Hörfunk und Printmedien

Setzen Sie sich mit uns in Verbindung:

Diplomica GmbH
Hermannstal 119k
22119 Hamburg

Fon: 040 / 655 99 20
Fax: 040 / 655 99 222

agentur@diplom.de
www.diplom.de

- **Online-Katalog**
  mit mehreren tausend Studien

- **Online-Suchmaschine**
  für die individuelle Recherche

- **Online-Inhaltsangaben**
  zu jeder Studie kostenlos einsehbar

- **Online-Bestellfunktion**
  damit keine Zeit verloren geht

**Wissensquellen
gewinnbringend nutzen.**

**Wettbewerbsvorteile
kostengünstig verschaffen.**

Printed in Germany by
Amazon Distribution
GmbH, Leipzig